JN439644

사/화/집

마산문인협회

마산 詩의 도시

선/포/문

2008년 5월 3일(금) 14:00

산호공원 시의거리

오늘 우리는 전국에서 처음으로 조성된 산호공원 "詩의 거리"에서 한국 현대시 100년의 참뜻을 기려 『마산 詩의 도시 선포』 기념 문학축제를 마련했습니다. 詩는 모든 예술의 중심이며 감동의 꽃입니다. 우리는 앞으로 "시의 거리"를 더욱 계승 · 발전시키고 문향 마산의 긍지를 드높이기 위해 우리 지역의 문인 및 詩를 사랑하는 시민들의 소망을 담아 드림베이 마산, 아름다운 詩의 고장 마산을 『詩의 도시』로 선포하는 바입니다.

- **우리 모두 마산의 새로운 꿈과 희망을 위하여,**
- **詩의 향기로 삶의 질을 높입시다,**
- **詩의 언어로 창의력을 키우며,**
- **詩의 동력으로 마산의 영광을 꽃피웁시다,**
- **세계 일류 명품 도시 마산이여!**
- **영원하소서, 길이 빛나소서.**

창원시 • 마산문인협회

● 축시

천상 마산 시의 도시여

—마산 시의 도시 선포 6주년에 부쳐

가만히 보라
무학산 등성이 울창한 숲
반짝이는 햇살 시 아니냐

팔룡산 볼록한 정상 감싸 안은
파아란 하늘지붕 시 아니냐

가만히 보라
노산의 가고파 바다 한복판
넉넉히 들앉은 돝섬 시 아니냐

아득히 걸려 낭창대는
마창대교 긴 줄다리 시 아니냐

가만히 보라
서원곡 완월천 흐르는
세월 잊은 개천물 시 아니냐

구수한 경상도 사투리
시끌벅적 마산 사람들 시 아니냐

오하룡 1940년 일본 출생(본향 구미). 1975년 《母鄕》 발간 등단. 《잉여촌》 창간동인(1964). 마산시문화상, 경상남도문화상, 경남아동문학상 등 수상. 시집 《잡초의 생각으로도》 《별향》 《창원별곡》 등 다수. 마산문협 고문, 국제 PEN 한국본부 자문위원, 한국현대시인협회 지도위원

시민들의 마음속에 진정한 시의 도시로 거듭나길

마산문인협회장
이한영

마산을 시의 도시로 선포한 지 올해로 6주년이 되었습니다. 그동안 임항선 시의 거리가 조성되고 시내버스 정류장에도 시인들의 시가 부착되는 등 조금씩 시의 도시란 이름에 걸맞게 면모를 갖추어 왔습니다. 시가 흐르는 시의 도시! 얼마나 멋진 말입니까? 수많은 시인들을 배출한 우리 마산이 시의 도시가 된 것이 조금도 이상할 게 없는 일이기에 다시 한 번 자축해 마지않습니다.

시가 무엇이냐 하는 것은 인생이 무엇이냐는 물음처럼 명쾌한 답이 있는 것은 아닙니다. 시를 신의 말이라고도 하고 영혼의 음악이라고도 합니다. 또 시인의 고백이라거나 예술 속의 여왕이라고 하기도 합니다. 아무튼 시가 조금은 고상하고 철학적이며 형이상학적인 면이 있는 것만은 분명한 것 같습니다. 그렇다면 우리 시민들도 시의 도시 시민답게 시 한두 편은 암송할 줄 알고, 일상생활도 조금은 낭만과 여유를 가지고 행동해야 하지 않을까 하는 생각을 해 봅니다.

러시아 여행을 하고 온 사람의 이야기를 들으면, 러시아에서는 학생들이 학창시절에 150편의 시를 의무적으로 암송해야 한다고 합니다. 시를 생활화해서 누구나 시 몇 편쯤은 자연스럽게 술술 외우더라는 이야기를 듣고, 세계적인 대문호가 몇 명이나 탄생한 러시아답다는 생각이 들었습니다. 하긴 우리도 학창시절에 시를 많이 배웁니다만, 시를 즐겨 낭송하는 사회 분위기가 되지 못하는 게 문제인 것 같습니다.

얼마 전, 꽃구경을 떠난 관광버스에서 버스가 출발하면서부터 돌아올 때까지 계속 차 안에서 뛰고 굴리며 노래만 불렀다는 기사를 읽고 정말 놀랐습니다. 경제적으로만 풍요로워져서 세계 10위권 수준에 올랐다고 1등 국민이 되는 것은 아닙니다. 교양과 품격을 갖추지 못하면 천박한 졸부밖에 되지 못하는 것입니다. 전 국민이 다 가수가 된 듯 노래는 수십 곡도 더 부를 수 있는 사람이 수두룩하지만, 시를 한 편이라도 암송할 수 있는 국민이 과연 몇 명이나 되겠습니까?

마산 시의도시 선포 6주년을 맞으며 소망하는 바가 바로 이것입니다. 우리 마산시민들은 애창곡뿐만 아니라 애송시도 한두 편은 있어서 일상생활에 시와 노래가 함께 흐를 수 있기를 바랍니다. 그래서 시민들의 정서가 더욱 순화되어 교양 있고 친절하며 낭만과 멋을 즐길 줄 아는 품격 있는 마산시민이 되기를 바라는 것입니다.

올해도 마산문인들은 "마산 시의도시" 선포 제6주년을 맞이하여 기념식을 가지며 "제7회 마산시인대표시시화전"을 개최하고, 《마산 시인들의 노래 · 8》 사화집을 펴냅니다. 본 사화집이 시민들에게 즐겨 읽혀 시의 향기가 전 도시에 널리 퍼지기를 바라는 마음 간절합니다.

2014년 5월

봉암수원지
호젓한 호숫가의 시비

산으로 둘러싸여 이국적인 자태를 뽐내는 마산 봉암수원지 산책길에 시비가 세워져 호수(수원지)를 찾는 시민들에게 즐거움을 주고 있다. 임항선 시의 거리처럼 목시비이긴 하지만, 그래도 호수와 어우러져 꽤 운치가 있다. 시비는 수원지로 걸어 들어가는 1.4㎞의 길가에도 세워져 있는데, 호수 둘레의 산책길에 세워진 것과 합쳐 모두 15개이다.

봉암수원지는 1930년에 마산에 거주하던 일본인에게 식수를 공급하기 위해 건립되어, 해방 이후까지 약 50여 년 동안 마산 시민의 식수원으로 이용되어 왔다. 이제 상수도가 보급되어 수원지로의 역할은 끝났고, 지금은 수려한 자연경관을 이용한 자연친화적인 산책로와 시민들의 휴식공간으로 이용되고 있다.

이것으로 마산에는 시의 거리(집단 시비가 선 곳)가 네 곳이 되었다. 산호공원 시의 거리, 임항선 시의 거리, 국립3·15민주묘지의 시비, 그리고 봉암수원지의 시비가 그것이다.

호젓한 산책길에 눈에 띄는 한 편의 시는 시민의 마음을 낭만과 추억 속으로 이끌어 갈 것이다. 많은 시민들이 이곳을 즐겨 찾아 시심詩心이 흐르는 문향 마산의 명소로 잘 가꾸어 갈 수 있기를 바란다.

두견새
한용운
두견새는 실컷 운다
울다가 못다 울면
피를 흘려 운다
이별한 한이야 너뿐이랴마는
울래야 울지도 못하는 나는
두견새 못된 한을 또다시 어찌하리
야속한 두견새는
돌아갈 곳도 없는 나를 보고도
불여귀 불여귀

돌담에
속삭이는
햇발
돌담에 속삭이는 햇발같이
풀 아래 웃음짓는 샘물같이
내 마음 고요히 고운 봄길 위에
오늘 하루 하늘을 우러르고 싶다
새악시 볼에 떠오는 부끄럼같이
시의 가슴에 살포시 젖는 물결같이
보드레한 에메랄드 얇게 흐르는
실비단 하늘을 바라보고 싶다

간판없는 거리
정거장 플랫폼에
내렸을 때 아무도 없어
다들 손님들
손님 같은 사람들뿐
집집마다 간판이 없어
집 찾을 근심이 없어
빨갛게
파랗게
불붙는 문자도 없이
모퉁이마다
자애로운 헌 와사등에
불을 켜놓고
손목을 잡으면
다들, 어진 사람들
다들, 어진 사람들
봄, 여름, 가을, 겨울
순서로 돌아들고

산에서 온 새
정지용
새삼나무 싹이 튼 담우에
산에서 온 새가 울음 운다
산엣 새는 파랑치마 입고
산엣 새는 빨강모자 쓰고
눈에 아름 아름 보고 지고
발 벗고 간 누이 보고 지고
따순 봄날 이른 아침 부터
산에서 온 새가 울음 운다

마산 출신·연고 작고 시인의 시

마산 출신·연고 출향 시인의 시

마산문인협회 회원 시

마산 출신·연고 작고 시인의 시

권 환 김상옥 김용호 김원룡 김춘수 김태홍
박재호 안 확 이 석 이선관 이영도 이원수
이은상 이일래 임영창 정규화 정진업 조 향
천상병 최순애 홍영숙

왜가리

권 환
1903~1954

벼 포기만 숭굿숭굿
사막같이 빈 논 위에
허수아비처럼 서 있는 아저씨
왜가리 떼가 왝 왝
머리 위를 지나가다
깊은 가을 늦은 황혼이었다

싸리꽃

김상옥
1920~2004

그 꽃은
작은 싸리꽃
아 산들한 가을이었다.

봄여름
가리지 않고
언제나 가을이었다.

말라서
바스라져도
향기 남은 가을이었다.

주막酒幕에서

김용호
1912~1973

어디든 멀직암치 통한다는
길 옆
주막酒幕

그
수없이 입술이 닿은
이빠진 낡은 사발에
나도 입술을 댄다.

흡사
정情처럼 옮아오는
막걸리 맛

여기
대대代代의 슬픈 노정路程이 집산集散하고
알맞은 자리, 저만치
위엄威嚴 있는 공덕비頌德碑 위로
맵고도 쓴 시간時間이 흘러가고

세월이여!

소금보다도 짜다는
인생人生을 안주하여
주막酒幕을 나서면

노을 빗긴 길은
가없이 길고 가늘더라만
내 입술이 닿은 그런 사발에
누가 또한 닿으랴
이런 무렵에

언제 잘사나

김원룡
1911~1982

해방이 되었다고 어깨춤 추고
독립이 된다 해서 좋아 울었더니
이태 삼 년 지내도 독립은커녕
못산다는 소리만 높아갑니다

왜놈이 손을 들고 쫓겨가기에
인제는 우리 살 때 왔나 했더니
가난은 남겨 놓고 몸만 갔는지
굶주리는 백성만 늘어갑니다

청마靑馬 가시고, 충무忠武에서

김춘수
1922~2004

저승은 남망산南望山 저쪽
한려수도閑麗水道 저쪽에 있다.
해 저무는 까치 소리를 낸다.
올해 여름은
북신리北新里 어귀에서
노을이 제 이마에 분꽃 하나를 받들고 있다.
후 후 입으로 불면
서쪽으로 쓸리는
분꽃도 저승도 어쩌면
해 저무는 서西쪽 하늘에 있다.

초 대

김태홍
1925~1985

갈밭을 누비면서 흐르는 강줄기를 따라서
초생달이 한가이 헤엄치는 하단으로 오십시오
잔잔한 물결의 속삭임을 비로소 알아들을 수 있게 될 것입니다.
푸른 하늘의 또 하나의 의미를 발견할 수 있을 것입니다.
강물이, 그리고 바다가 얼마나 많은 의미를 가지고 있는지를
깨달을 수 있을 것입니다.

여기서만은 나란히 걸을 수 있는 소녀가 없어도 좋습니다.
당신은 강이라고 하셔도 좋습니다. 아니 바다라고 하셔도
좋습니다. 바다이며 강이라고 하셔도 좋습니다. 사실은 강입니다.
그리고 사실은 또 바다입니다.
우거진 갈대숲에 스스로를 묻어 조용히 이름 모를 새소리를
들어 보십시오. 갈대밭이 아니라 우거진 숲으로 될 것입니다.
그리고 그 감방에서 헤어졌던 사람들의 표정들을 더듬어 보십시오.
당신은 가장 순진한 자신의 표정을 시간이 정지된 그 거울 속에서
발견하게 될 것입니다. 안으로 안으로 굳어진 당신의 연륜의 빛을
강물의 흐름 속에서 보게 될 것입니다.

하단으로 오십시오.
이렇게 고요하게 우리를 사색하게 하는 섬. 갈대로 둘러싸인
생각의 섬으로 오십시오. 당신은 당신의 식은 마음을 풍성한

선물을 받아 놀 속에서 아지랑이로 다시 설레이게 하여
바람에 손짓하는 갈대와 백조와 별들이 함께 협주하는 교향악을
들을 수 있을 것입니다.

낙도산조 · 1

박재호
1927~1985

마파람을 안고
깊은 잠에 취해 보라

한 잔 기울이고
〈첼로〉의 무반주 〈소나타〉에도
잠뿍 취해 보라

나뭇잎들은
고함을 지르며 떨어져 오고

동백꽃 가지에 찌들은
순수한 바람기들이 자꾸만
그림자처럼 뒤를 밟아 온다.

푸두둑 요가를 하는 묏새들은
미아가 되어 눈물을 훔치고

산마루에는
국적이 아리숭한 지문과 깃발들이
그냥 나뒹굴고 있는데

자장磁場을 빗나간 시간들을
손짓해 보는 저 허망한 노을들의
황홀한 눈웃음을 또 누구가
탓을 할까

설야사雪夜思

안 확
1886~1946

창밖에 이는 바람 눈보라 치노매라
무릎 안고 앉았으니 등잔 앞이 만리로다
덧없이 가는 생각 진陣느듯이 몰더라.

낙동강변에서

이 석
1927~2002

저 강물도
오늘은 하나의 신념信念임을 알겠다
얕은 곳이 있으면
깊은 곳이 있었고
넓어지면 좁혀지고
그 소용돌이에 휘말리며
한여름의 범람
목마른 날에도
오직 한 길의 흐름 앞에
연일 시야를 가리던
첩첩한 산山들도
차례로 물러서고
수없이 머리를 바꾸며
살아온 날도 아득히
지금은 불멸의 장강長江 그 이름 낙동강

마산, 그 창동의 허새비

이선관
1942~2005

다시 의미 있는 도시가 된
이 고장의 자랑스러운 창동 네거리
그 십자로를 중심으로 하여
반경 오백 미터는
당신의 영역이다

여기서 태어났는데
여기서 노래하다가
여기서 죽겠다는 다짐
그러니깐 반경 오백 미터 이 거대한
영역은
당신의 무덤이다 부활이다

서울의 그 누군가를
명동 백작이라 했던가
당신은 창동 공작이라 하던데

아니다 아니다
당신은 분명
창동 허새비다
봄에 되살아나
겨울 논두렁에 활활
불태워지는 활활 부활이다
마산, 그 창동의 숨쉬는 허새비다

황혼에 서서

이영도
1916~1976

산山이여! 목메인 듯
지긋이 숨죽이고

바다를 굽어보는
머언 침묵沈默은

어쩌지
못할 너 목숨의
아픈 견딤이랴?

너는 가고 애모愛慕는
바다처럼 저무는데

그 달래임 같은
물결 소리 내 소리

세월歲月은
덧이 없어도
한결같은 나의 정情.

헌 모자

이원수
1911~1981

학교 마루 구석에
헌 모자 하나.
날마다 혼자 남는
헌 모자 하나.

학교 애들 다 가고
해질녘이면
가고 없는 주인이
그리웁겠지.

월사금이 늦어서
꾸중을 듣고
이 모자 쓰지도 않고
나간 그 동무,

지금은 어디 가서
무얼 하는지
보름이 지나도록
아니 옵니다.

기 원

이은상
1903~1982

푸른 동해 가에
푸른 민족이 살고 있다
태양같이 다시 솟는
영원한 불사신이다
고난을 밟히고 일어서라
빛나는 내일이 증언하리라

산 첩첩 물 첩첩
아름답다 내 나라여
자유와 정의와 사랑 위에
오래거라 내 역사여
가슴에
손 얹고 비는 마음
이 겨레 잘 살게 하옵소서

눈부신 해와 달과 별들과
비와 이슬, 눈, 서리, 구름과 안개
저 올망졸망한 산들과 강과 바다
너무도 화려한 천지창조
창조의
거룩하고 신비한 뜻을
누가 감히 어길 것이랴

여기 벌 한 마리, 나비 한 쌍
세상 돌아가는 일 아랑곳없이
정성껏 꽃가루를 빨고 있다
얼마나 순결한 세계냐
이것이
신의 참뜻이다 평화다
우리 원하는 것 바로 이것이다

영생도 멸망도 제가 짓는 것
낙원도 지옥도 제가 짓는 것
화약고에 불을 지르기 전에
인간의 본성 본연으로 돌아가자
아! 세계여
더러운 진흙 속에서
연꽃처럼 피어오르라

봄노래

이일래
1902~1979

할미꽃 진달래 온갖 꽃이
산 위에 들판에 보기도 좋게
봄맞이 한다고 새옷 입고
나비를 청하여 잔치한다

어여쁜 봄바람 솔솔 불면
온갖 꽃 반가워 빵끗이 웃고
나비는 즐거워 춤을 출 때
제비는 날아와 노래한다

사군자 송

임영창
1917~2001

—매梅
옹졸한 모습이오나 거치른 몸매오나
매운 눈보라 속에 봄이 그려 애타는 맘
자그만 꽃망우리에 뜻을 부쳐 피오니……

—난蘭
파초 잎새 못되어서 함박 꽃잎 못되어서
어리고 수줍은 몸 행여 누구 탓할세라
바위 틈 그늘진 곳에 두 손 모아 앉으오니……

—국菊
꽃은 피면서 지고 잎은 푸르듯 누르고
누리 고운 꿈이 갈래갈래 찢기올 제
맑은 달 서릿김 속에 홀로 향내 풍기오니……

—죽竹
돋이 살으오리, 푸르러이 살으오리.
텅 비인 속이오나 마디만은 지니오리
한 줄기 푸른 하늘로 뻗어 올라 사오리니……

아직도 나는 부자다

정규화
1949~2007

재산을 다 날렸지만
그래도 아직 내 것은
도처에 가득하다
저 푸른 하늘과 높이 솟아 있는 해,
우리가 마시는 공기,
그래도 살 만한 세상,
산꿩의 울음소리,
이 모든 것이 모두 내 것이다
내 것이 너무 많아서
그 품목을 다 헤아릴 수 없다
재산이 없다고
고민할 게 아니다
아직도 남아 있는 재산들을
사회에 환원할까
유산으로 자식들에게 남길까
지금 고민하고 있다
나는 이런 것 관리로 벅찬데
더 이상 욕심을 부려서야 쓰겠나
물소리 바람 소리
들을수록 더 좋다
이만하면 내 생애도

행복한 생애였다
게다가 딸 하나 아들 둘까지
있으니 복을 타고 났다

풍장風葬

정진업
1916~1983

내 너를 여기에 묻고 가노니
눈 못 감을망정
부디 서러워는 말아다고

북방으로 가는 이 길은
광란의 눈보라 속에
하루도 몇 번을 두고 바뀌는
얼어붙은 광야의 길이언만
너의 의지에 역한 적은 육괴를
나는 서슴지 않고
이 길옆 조그마한 언덕에다 묻고 가노니

하나 너의 갸륵한 의지는
나의 뒤를 이어
지축을 차며 달려오는
거센 발자국 소리를 들으리니
너의 죽음을 넘어
지금 내가 가는 앞길에는
싸움이 한창 꽃밭이다

여기에 너를 창졸히 묻고
표목 하나 세우지 못한 채
마음 없는 양 달려가는 나를
부디 매정하다 말아다고

푸른 별빛이 으스러지고
눈보라 길이 열두 번을 바뀌어도
이 긴 먼동만 트면
세기를 떠메고 나갈
수많은 동지들이
틀림없는 이 언덕에
너를 떳떳이 맞으러 올 것을!

이제 너의 백골을 갈아
삭풍에 날려 광야에 흩으리니
너의 소원이던 풍장은
동지들의 울음 속에
거룩하게 이루어지리라

장미와 수녀의 오브제

조 향
1917~1984

하얀 아라베스크 짓궂게 기어간 황혼
낙막落寞이 완성된 꽃밭엔
수많은 수녀의 오브제.
인생이라는. 그럼.
어둠침침한 골목길에서
잠깐 스치며 지나보는 너를…….

영구차가 전복한 거리 거리마다에서
비둘기들은 검은 가운을 휘감고
푸른 별이 그립다.

내가 서 있는 소용도는 상황에
짙은 세피어의 바람이 분다.
까맣게 너는 서 있다.

모의포옹模擬抱擁 쎄레모니이!
Paychose dinfluence의 네거리에서

네가 사뿐 놓고 간 검은 장미꽃.
내 이단異端의 자치령에
다시 꽃의 이교異教를 떨어뜨려 놓고.
들국화빛으로 하늘만 멀다.

taklamakannakamalkata
사막의 언덕엔 갈대꽃
갈대꽃밭 위엔 파아란란
이상李箱의
달.

달밤이면
청우青牛 타고 아라비아로 가는
노자老子.

꽃잎으로 첩첩 포개인
우리 기억의 주름주름 그늘에서
먼 훗날 다시 서로의
이름일랑 불러 볼 것인가!

패배의 훈장을 달고
예상들이 줄지어 걸어가고 하면…….

포르말린 냄새만 자꾸 풍기는
새까만 지구 위에서
어린애들의 함잉 소리만 나고·….
메아리도 없이 하 심심해서
나는 요오요오나 이렇게 하고 있다.

소릉조小陵調

천상병
1930~1993

아버지 어머니는
고향 산소에 있고

외톨배기 나는
서울에 있고

형과 누이들은
부산에 있는데

여비가 없으니
가지 못한다.

저승 가는데도
여비가 든다면

나는 영영
가지도 못하나?

생각느니, 아
인생은 얼마나 깊은 것인가.

봄날

최순애
1914~1998

따스한 봄볕,
마루 끝에 고양이가
사르르 조을고
살랑 살랑 봄바람
걸음마 배는 울 애기
머리카락 날린다.

장다리밭 꽃 밑에
병아리, 병아리,
삐요 삐요 삐요요……
엄마 따라 조루루
나들이 가네.

—《소년》(1940. 5.)

태평소

홍영숙
1950~1998

흘린 땀방울의 결실
구름발로 내려놓고

당고추 옆에 끼고
황호박 할미
가락 뽑는 소리 흥겹네

어허라 풍년이로세
어진 세월 낳은 풍류로다

가을이야
인심이야

오곡백과 만산에 자리한
태평세월을
구름 마디손으로 잡아 뽑아내니

절묘로다
가을 서정이로다

마산 출신·연고 출향 시인의 시

감태준 강위석 김정희 나순자 문덕수 양계향
예시원 우홍순 이월춘 이창규 이혜선 전문수
정목일 조병무 홍진기

부용 잔상

| 감태준

부용이 다 졌다고는 생각지 않는다

눈 내리는 저 천변에서

여름 며칠 연분홍 꽃으로 살았을 뿐

큰비에 뿌리째 뽑히고 말았지만

두 눈에 박힌 형상

그 여름 한창때 얼굴 지워지지 않는 한

당신이 다 갔다고 생각할 수 없듯이

재즈 · 1

| 강위석

마산만 바다는
돌아온
밀물 차 있고

작은 것이 좋아
앨토 색소폰

흐르지 않네
물 위에 풀어지는
드럼 소리 그림자

가만가만 출렁거리네

가득 찬
작은 것이 좋아

잃어버린 것을
잊었으니
난 모르네

마산만으로 다시
언제 오려나
친구여, 아직 살아 있는가

망월동 백일홍

| 김정희

"무쇠를 녹이리라"
"무쇠를 녹이리라"
망월동 무덤가를 달구는 저 불가마
장대비 백날을 쏟아져도 불길은 끌 수 없고.

천둥 번개 내리치던
아수라 지옥의 날
사태진 언덕 위에 불기둥으로 솟아
허공에 빛을 뿌리고 몸을 사른 혼백들.

내 눈물 땅에 묻고
돌아서는 이 길목
은은히 들려오는 우렁찬 저 종소리
에밀레, 종치는 나무여 네 울음에 발이 묶인다.

바람이 키운 산

| 나순자

명사산鳴砂山*의 바람이 모래를 깨운다
바람이 일으킨 모래가
칼로 자른 듯한 날렵한 선을 가진
건축물을 세우고 허문다
타클라마칸 사막에서 깊을 대로 깊어진 바람이
잠들지 않은 명사산의 밤을 보챈다
살아서는 돌아갈 수 없다는 땅 타클라마칸의 바람이
명사산을 기른다
비단결 같은 모래산을
뜨거움에 푹푹 빠지며 내려오던 날
모래 속에 뜨거운 늪이 있다는 걸
모래 속에는 식지 않는 심장이 있어
오늘을 산다는 걸 알았다
명사산의 모래를 깨워 울게 하는 이
다시 울던 모래 제자리에 갖다 놓는 이가
바람이라니
이따금 잠들지 못하는 밤에 듣는 가슴의 바람 소리는
그때의 뜨거운 늪이 내 속에 들어와
몸부림치는 소리일지 모른다

*명사산 : 둔황의 모래산.

한계령에서

| 문덕수

꼬불꼬불 그 버스 산속의 팽이다
팽팽히 돌아 아찔아찔 어느새 정수리 올라섰네
아슬한 절벽의 한 점 벌레, 뉘 몰래 밀어 올렸나?

합포만에서

| 양계향

어버이 큰 사랑을
바다에다 비기지만

넓디넓은 마음으로
온갖 응석 받는다고

오염된
온갖 폐수를
함부로 버리는가

'내 고향 남쪽 바다'
그 가락 실린 물결

노 화백* 화폭 속에
살아나던 꽃게들을

언제쯤
이 바다에다
다시 풀어 놓을까

*노 화백 : 꽃게를 즐겨 그리시던 마산의 최운 화가.

마른 수건

| 예시원(예외석)

황혼에 혹 하나 짊어진 할매
기름 빠진 삭신이 오늘따라 더 무겁다
짐 하나 벗어던지기 무섭게
생의 혹 하나 얹혀져
간신히 버티던 무릎이 빠지직 위태롭다

내 속으로 배 아파 낳은 자식
물고 빨고 가진 것 다 내어 주고도
그 자식이 낳은 자식을 여전히 물고 빤다

내 새끼, 내 강아지
물기 없는 마른 혀, 마른 입술로
사랑스럽게 물고 빤다

마른 수건을 비틀고 비틀어 다시 짜는 할매
기름 빠진 골수가 무너져 내리고
내리사랑은 강물 되어 흐른다.

바위 · 2

| 우홍순

머문 곳
노천도량
다리 없는 가부좌로

팔 없이
두 손 모아
입 없는 독백염불

전천후
불면장좌로
영겁 넘는 중생제도.

벚꽃 밥상

| 이월춘

봄이 왔다는 것은
그래서 꽃이 핀다는 것은
실로 어마어마한 일이다
군항막걸리나 점도다리쑥국에 둘러앉은
아이들 젖니 같은 저 꽃들
온 세상의 하루가
먼 별들의 손뼉 소리에 맞춰
난분분 난분분 꽃멀미를 하며
춘궁春窮의 마을마다 밥상을 차리기 때문이다
봄이 왔다는 것은
실로 위대한 밥상에 대한
가장 숭고한 시간의 숟가락질이다

지팡이

| 이창규

내가 어릴 때
할머니가
나를 키워 주셨다.

나들이할 때에도
할머니는
내 손을 잡고 다녔다.

내가 커서는
할머니가
내 손을 잡고 다닌다.

나들이할 때마다
할머니는
나를 붙잡고 다닌다.

흘린 술이 반이다

| 이혜선

인사동 포장마차에서 그날 술자리의 화두는
'흘린 술이 반이다'

연속극 보며 훌쩍이는 내 눈 들여다보며
'우리 애기 또 우네' 일삼아 놀리던 그이
요즘 들어 누가 슬픈 얘기만 해도
그이가 먼저 눈물 그렁그렁

오늘도 퇴근길에 라디오 들으며
한참 울다가 서둘러 왔다는 그이
새끼 제비 날아간 저녁밥상에 마주 앉은 희끗한 머리칼
서로 측은히 건네다 본다

흘린 술이 반이기 때문일까
아직 함께 마셔야 할 술이
술병에 반나마 남았다고 믿는,

천문天文 · 1

—강아지는 어디에 있는가

| 전문수

파란 철대문 앞 강아지 집
목에 쇠줄 고리를 찬 강아지는
들고나는 주인 내외에게
꼬리를 치며 이 집을 지킨다
눈치껏 강아지 먹이를 노리는
까치, 참새 두 마리가
지붕 위에서 내려 보고 있다

큰길을 따라 나간 골목길 옆
손바닥만 한 채소밭이
활짝 펼쳐 쥔 강아지의 하늘

강아지는 지금
어느 것들의 위와 아래,
그리고 좌우, 전후에
실존하는가

아니, 강아지는
내가 지금 베껴 쓰고 있는
이 풍경문風景文에
단어 한 개로 들어 있는가

큰길을 따라간 골목길

아직

어디에도 도착하지 못했을 터

구름처럼 강아지는

부유浮遊하고 있는가

독 도

| 정목일

네 이름은
밀려오는
그리움의 파도
가슴 적시는 사랑

네 이름은
동해의 붉은 심장
겨레의 가슴에 떠오르는
눈부신 해

네 이름은
민족의 푸른 폐
영원을 맞아들이는
푸른 숨결

네 이름은
눈물 솟구쳐
뜨겁게 사무치는
불꽃 노래

숲의 마음

| 조병무

보고 싶은 사람
그리워질 때면
단풍나무 물들어 눈부신
그 숲 찾아가자.

떨어지는 낙엽 한 잎
내 어깨에 닿으면
보고 싶은 그 사람
따뜻한 손길로 느끼자.

내 발길에 스치는
낙엽 밟는 소리 들리면

그리운 사람이여,

그대의 목소리로
내 마음에 담아 두자.

빈집에 드는 달

| 홍진기

댓돌에 걸터앉아 멍할 때가
더러 있다
저절로 열리는 문 적막한
달개지붕
달빛은 누인 모시필
물비늘을
털고 있다

주인을 기다리겠지 오늘처럼
또 내일도
용구새*
골이 패어
바람만 돌다가는
울 엄마 다듬이 소리에 별이 지던
안마당을

*용구새 : 초가집 용마루를 따라가며 마무리로 덮는 이엉.

마산문인협회 회원의 시

강선자 강지연 강 천 강호인 고방규 공정식 김경분 김계자
김교한 김근숙 김명이 김미윤 김미정 김민철 김병수 김복근
김연동 김연희 김영락 김영미 김용복 김재순 김차순 김태두
김현우 노여심 류경일 문석주 민병기 민창홍 박귀영 박귀희
박성임 박일춘 박태남 배대균 배소희 배종애 백남오 변승기
서성자 서연우 서영수 서인숙 서일옥 성선경 성정현 손연식
승만석 안 웅 안화수 오하룡 윤미향 이광석 이달균 이숙자
이영자 이외율 이우걸 이원기 이정숙 이종광 이처기 이한영
임신행 임채수 정동진 조은길 조현술 주선화 최강렬 최대식
최영지 하길남 하순희 하 영 하영갑 하종숙 허상회 허숙영

매미 소리를 들으며

| 강선자

여름의 끝자락에 밤도 깊었는데 매미가 울어댄다. 이제는 떠날 날이 다가왔음을 알고 자기의 존재를 알리기 위해 절규하듯 내는 소리가 왠지 처연하게 들린다.

바람은 다른 것을 움직이게 하여 자기를 나타내고, 강물은 흘러가면서, 바다는 출렁이면서 자기를 알린다. 작은 풀 한 포기, 이름 모를 들꽃들도 모양과 색깔과 향기로 자기를 나타낸다.

나는 훗날 다른 사람에게 어떤 존재로 기억될까.

—수필 〈매미 소리를 들으며〉 중에서

화두 · 26

| 강지연

뭇꽃들은 저 혼자 피고 지고
무심한데
내가 꽃 보며
눈물짓고 웃고 서러워
하는 것은 아닌지
햇볕 길어진 봄날
연꽃 속처럼 환해지기 위해
화두 지팡이 길게 끌고 나선
소요길
흩어진 동백꽃만
객혈처럼 붉다.

가을앓이

| 강 천

우두커니 무진정 툇마루에 홀로 앉았습니다. 토닥토닥, 나뭇잎을 적시는 가을비를 하염없이 바라봅니다. 연못에 내려앉은 곱디고운 가을 사이로 빙그르르 물 동그라미가 퍼집니다. 언뜻, 짧았지만 행복했던 지난날의 가을 이야기들이 나타났다가는 일그러집니다.

남사마을의 끊일 듯 이어진 '돌담길'
귀뚜라미 소리와 함께했던 그 둑길의 '달그림자'
안개 자욱한 날, 둘만의 밀어를 엿들었던 늙은 '감나무'
'코스모스'
'허수아비'
'저녁노을'
오늘처럼 가을비 서럽게 울던 날
'우산'
'낙엽' 그리고 별리.

비 그치면, 이 가을도 그녀처럼 훌쩍 떠나버릴 것입니다. 그리움에 젖은 샛노란 은행잎 하나, 소슬바람에 멀어져 갑니다. '세월이 약' 이라는 말, 꾸깃꾸깃 가슴에 새겨봅니다.

—수필 〈가을앓이〉 중에서

동백 연가

| 강호인

그 잎새 청류 흘러 사계 내내 청청하고
꽃이야 망울 멍울 삼동 품어 여는 단심
신산한 풍진의 일월
꿋꿋 오롯 한결같네

내생에 꽃 된다면 동백이 될까 보다
나무에서 땅에 져서 그리운 그대 맘에서
꿈에도 선연 아련한
동백이나 될까 부다

그대

| 고방규

오늘도 그대의 사무친 아픔은
또록또록 그리움으로 영글어갑니다
진정
익모초 사랑은 이렇게 아픈 건가
맨발로 거친 삶을 살아도 사랑은 지워지지 않는다는 것을
뭔가 그토록 잊으려 애써 깎고 찍어 지워 버리려도

불꽃처럼 스쳐가는 그대의 모습이었습니다
이제는 불꽃을 끄고 싶어도
꺼지지 않은 것이 사랑이란 것을 알았습니다

비바람 몰아쳐도 사랑은 속살을 드러냅니다
다빈치의 그림 속에서도 사랑의
아픈 상처가 보입니다

물결처럼 휘감듯
아픔도 기쁨도 함께 숙명처럼 안고 갑니다

제 몸을 드러내지 않는 바람결처럼 –

꽃

| 공정식

이것이
그래 사랑일까
모두 얻지 못한 채
혼자 끙끙 앓다가
그리움에
터져버린 너의 순수함이여!

흠도
티도
금도
하나 없는
맑고 밝은 자연自然의 신비神秘
잉태孕胎의 아픔
피는 너의 모습이여!

봄 한낮

| 김경분

바람은 봄의 산파

자귀나무 귓가에
동백나무 눈시울에 앉은 햇살
논둑으로
물가로
퍼뜨려 놓는 걸 보았다

오늘은 창 밑 라일락에 다녀가셨나 보다
그 발소리 혼자 듣는 봄 한낮

수선화 꽃잎 사이로

| 김계자

귓불 스치는 바람 아직은 시린 2월
따슨 햇살 마중나선 군산 답사길

벽화길 모퉁이 작은 꽃가게
연두색 꽃대 위에 황금 왕관 올려놓고
환하게 웃는 네 모습에 반해
우리의 만남은 시작되었다

앙증스런 조막손 살며시 펴서
남쪽으로 난 창을 쪼금 열어놓고
기지개 켜는 네 모습이 눈멀게 한다

노오란 꽃잎 사이사이로
딸들의 어린 모습 수시로 드나들고
그 사이사이로 드나드는
손녀들의 꽁지머리에도
아롱아롱 무지개 피어오른다

사랑하는 나무로

| 김교한

심오한 인연 앞에 신명을 다 바치어
남루한 기억을 떨고 백골이 부상하는데
오늘은 섭리를 받은 누군가 곁에 있다.

풍상을 내리 초월한 선각자로 우뚝 서서
그 청춘 낙엽 지도록 기원하여 별을 달고
점점 더 사랑하는 나무로 멀어지는가.

기다림

| 김근숙

악인과 선인에게 고루 비춰주는
햇살의 포근함으로

손가락 적실 만큼만 고여도
제가 머물 낮은 곳 찾아
길을 내는 물의 겸손함으로

품어주고 참아내는 어머니 마음의
아주 작은 한 조각
그 그림자만 지녔더라도
한 번쯤은 살아볼 만한 세상 될 텐데

갈수록 흐려지는 하늘
외면하고 싶은 소식들

계절도 발걸음 내딛기가 조심스러운지
해마다 봄은 더디 오고 싶은가 보다

시거리

| 김명이

삼베저고리 다 해진 몽당치마
갱물*에 뛰놀다 시거리**가 되던 검정고무신

꽁보리밥에 호박꽃, 초롱 반딧불이 켜놓고
때가는 줄 모르고 깔깔거리던 순남이 희정이
은하수가 밤새도록 지켜보았지

갱물에 발 담그면 엉겨 붙던 시거리
톡톡 치면 파랗게 피어나
물수제비 타고 새처럼 날아가던 야광빛

시거리야 시거리야 어디로 갔니
물수제비 타고 다시 새가 되어 날아오렴
삼베저고리 다 해진 몽당치마
때 묻지 않은 검정고무신

은하수가 읽다 잃어버린
연애편지 한 장

*갱물 : '바닷물' 의 경상도 방언
**시거리 : 플랑크톤이 내는 야광

남도일기

| 김미윤

쏟아지는 별빛에 온몸을 내맡기고

물빛 든 남풍 따라 우포 늪길 걷는 날

나는 너일 수 없고 너는 나일 수 없고

저 비켜선 세월의 푸른 등고선 아래

끝내 접지 못할 호젓한 맘 추스르면

산수유 철 느직이 봄밤을 밝히나니.

신 발

| 김미정

굳은살에 티눈
못난 발을 감싸고
가고픈 곳 어디든 데려다 주십니다
진흙이나 모래땅, 딱딱한 시멘트길
걸림 많은 자갈길도
늘 함께한 고마운 길동무여

목숨 다하는 그날까지
바라는 한 가지
가서는 아니 될 곳으론 이끌지 마셔요
사람의 향기와 품격
무너지는 곳은 아니 되십니다
예까지 맨발을 감싸준 당신 그대
곤고함 잘 견디시는 삶의 동지여

봄, 봄

| 김민철

봄은 희망의 환희
달거리 붉디붉은
동백꽃, 생명이다.

열여섯 소녀의 순백한
하얀 벚꽃, 사랑이다.

밤새 일렁이는 은빛 너울
말없이 우는 봄비야
툭툭 떨어지는
노란 꽃잎, 아픔이다.

멍울진 상처마다
움튼 초록의 기적
성난 가시를 뚫고 오월은
붉은 장미를 부르고 있다.

매화 피고 지고

| 김병수

내 집 뜰의
매화 향에 취하다 보니
수작할 벗들
술 익는 줄 알겠다
매화 가지에 앉아
봄을 흔드는 산새
날 불러 낼 적에
새벽 뜰을 밟다가
춘설인 듯 보고 또 보는데
내 마음의 길이
절로 하얗다.

새들의 생존법칙

| 김복근

설계도 허가도 없이
동그란 집을 짓고 산다
작은 부리로 잔가지 지푸라기 물고 와
하늘이 보이는 숲속에서 별들을 노래한다
눈대중 어림잡아 아귀를 맞추면서
휘어져 굽은 둥지 무채색 깃털 깔고
무게를 줄여야 산다
새들의 저 생존법칙
대문도 달지 않고 문패도 없는 집에
잘 익은 달 하나가 슬며시 들어와
남몰래 잉태한 사랑 동그란 알이 된다
울타리 없는 마을 등기하는 법도 없이
비스듬히 날아보는
나는 자유의 몸
바람이 지나가면서 뼛속마저 비워냈다

청해진을 읽다

| 김연동

불립문不立文 섬과 바다 만 갈래 시름 벌을
첩지나 받은 듯이 성채 짚어 휘달리며
맨발로 꽃밭을 일군 푸른 고전 받쳐 든다

너울 치는 그리움을 갑주 속에 접어 넣고
시린 칼 그 절제로 무두질 하던 대륙
더운 피 매운 결기로 써내려간 서사시를,

비린 가슴 비워내면 길 위에 길이 되나
꿈을 펼쳐보라는 듯 열어젖힌 물길 위에
아득한 천년의 햇살 염장鹽藏하듯 뿌린다

단단하고 부드러움*

| 김연희

초상화 뒷짐에 잠든 아버지의 회초리
무더기 풀꽃 뿌리
끄덕이는 눈웃음의 어머님 손길

둥글게, 둥글게
가슴 저미다
점 하나 안에 뭉클한 눈물

우리 끈끈한 사랑도 그러해야지
우주 한 공간 한 톨 먼지로 떠돈다 할지라도
초승달 곡선 위 한 점 물방울로 산다 하여도

하늘 툇마루 먼 빛
들숨 날숨 길목
그 단단함과 부드러운 등불의 힘

*러시아 태생 화가 바실리 칸딘스키(1866~1944)의 작품명에서 따옴.

허리 숙인 개나리

| 김영락

꼿꼿하고 자랑스런 네 모습
검은색 초루 뒤엉킨 가지뿐이네

부드럽게 허리 숙인 네 자태
봄 물기 머리에 얹고 다소곳하네

늘어진 허리 하도 부드러워
나는야 고운 눈길 주고 싶다네

고개 든 너는 제자리 고집인데
저 개나리는 마냥 땅을 마시네

숙여진 풍요가 봄향기에 젖고
오가는 사연이 곱기만 하네.

민들레

| 김영미

우주를 받쳐 들고 한 생을 섬기려나

저 홀로 꿈을 꾸며 숨죽여 걸어온 길

어느덧 군무群舞로 피는 소용돌이 꽃이여

아까시 꽃

| 김용복

새잎 푸른 숲 속
새하얀 꽃술

따스하고 포근한
그 향기,
팔에 안겨 잠이 들던
어머니 향기.

아까시 꽃 피는
오월 숲길은

뒤늦은
그리움에
부질없이 서럽다.

새 싹

| 김재순

너, 여기 있었구나
햇살이
등을 톡! 치는 순간

술래에게 들킨 아이처럼
깜짝 놀라 일어서며
파랗게 웃는구나

저 파란 웃음을
흙더미 속에서
어찌 참고 있었을까

마산만灣*

| 김차순

여름 오는 길목이
왜 이리 시린지

왼 종일 키질하는
환한 볕 불 끌어

시간의 빗장을 푸는
흙집 마당 그립다

조선무 속살 같은
어미의 젖무덤이

만조로 출렁이는
누런 갱지 위에

섬처럼 떠 있는 상형문자
뚜벅뚜벅 다가온다

*마산만 : 경남 창원시 마산.

고양이 나비

| 김태두

길고양이와 어울리던 집고양이 나비
동무가 좋은지
그만 집을 나가버렸다.

가물가물 잊혀질 무렵
야옹! 문밖에 귀에 익은 소리
반가워 뛰어나갔다.

어, 그런데 이상해.
가까이 오지 않는다.
먹이를 주니 먹고는 가 버린다.

몇 달이 지나도 왜 재롱둥이가 되지 않을까?
길고양이가 뭐라고 했기에 저럴까?
나비야! 제발 되돌아와 줘.

실종

| 김현우

그는 누워 천장을 보며 아무 생각도 않으려 했다.

그런데 눈에서 눈물이 흘러 귀로 들어갔다.

방바닥이 그대로 지하 수백 미터 아래로 가라앉는 느낌이었다. 한동안 그는 모든 세상일이 아득한 저편에 있는 듯했다. 아니 보이는 모든 것들이 실감이 나지 않았다.

모두 허상이었다. 잡히는 것은 아무것도 없었다. 그저 공허, 그것뿐이었다.

그러나 신통하게도 배가 쓰리고 쏘고 따갑고 아픈 증세는 여전했다. 귓속의 초고음으로 우는 수만 마리 매미도 전과 다름없이 들어앉아 있어 그 파열음만은 더 컸다.

—단편소설 〈완벽한 실종〉 중에서

그도 거기서

| 노여심

내가 여기서
이렇게 이렇게 살아가듯이
그도 거기서
그렇게 그렇게 살아가겠지

아침마다 냄새 좋은 쌀을 씻고
좋은 사람끼리 모여 앉아 밥을 먹겠지

밤이면 어김없이 현관문을 잠그고
사랑하는 사람과 살을 부비며
식지 않은 하루를 얘기하겠지

내가 여기서 이러하듯이
가끔은 유리창 너머 예쁜 별을 보다가
어느 별 어느 골짜기를 노래하면서
그도 거기서 그렇게 살아가겠지

월하일기月河日記

| 류경일

까마귀 울음소리에 놀라 돌아보니
메마른 도시의 하천에 낮달이 떴다

물소리를 잃고 흐르는
세월의 냇가에
하천 복원을 꿈꾸는 사람들이 심은 유채꽃
출렁이는 꽃물이 꿈결 같은데
유채꽃밭에 밟혀 흐르는 물은
하천의 무릎에 고름처럼 고인다

갈대숲 쪼그라든 폐에도 물이 차올라
강과 바다 그 죽음의 경계에 선 하천

풀벌레 소리를 품고 흐르던
참 맑고 차가웠던 젊은 그의 손을
한 번 더 잡아보겠다고
바다 어귀까지 흘러 내려간 노인들
갯벌에 넋 놓고 앉아
죽어가는 하천의 불알을 만지고 있다

아름다운 진실 향기

| 문석주

좋은 님 만나려면 좋은 향기 지니고

좋은 벗 사귀려면 신뢰 향기 가득히

술에서 맺은 벗 진실 향기 피지 않고

잔 향기 사라지면 안개처럼 사라진다

욕심 많은 벗님은 받기만을 좋아하니

찾아드는 벗님 없어 외로움에 빠져들고

나의 향기 받은 님 받은 향기 보답에

하나둘 찾아들어 여정 길 밝혀준다.

사랑 실 무늬

| 민병기

은행잎 노랗게 깔린 벤치에 마주 앉아
가을빛 고운 햇살로 묶은 꽃다발 건네면
가슴에 숨긴 사연도 환히 비치던 부끄럼

황혼에서 여명까지 불살라 버린 모닥불
너와 나를 혼동하며 춤춘 광란의 축제
잊혔다 문득 생생해지는 칼칼한 그 목청

아직도 세월 창가에 얽힌 사랑실 타래
실밥도 풀리지 않게 오래 간직하리니
추억사 오래될수록 사랑의 윤은 빛나리

퇴행성 관절염

| 민창홍

고사리 꺾으러 산에 가서
고사리는 꺾지 않고
할미꽃 한 뿌리만 캐왔다는
어머니

다시 못 볼까 봐
아픈 무릎 움켜쥐고
꽃만 캐 왔다는
어머니

한 평도 못 되는
담장 밑에
자줏빛 한복 입은 할머니처럼
고개 숙인 꽃 한송이

보고 싶을 때 보라고
할미꽃은 말하는데
무릎이 아프다

고개를 숙이고
허리를 숙이고
할미꽃을 닮아가는 어머니
영락없는 할미꽃

커피, 그 유혹에 빠지다

| 박귀영

요즈음 나는 커피를 즐겨 마신다. 오감을 자극하는 그 맛을 깊게 음미하기 위해 직접 물을 내려 커피를 뽑는 핸드 드립을 해서 마시고 있다. 원두를 분쇄한 후 뜨거운 물줄기를 뿜으면 거품이 끌어 오르면서 한 템포 쉬었다가 다시 맑고 뜨거운 물을 두른다. 드리퍼 아래로 조르르 흐르는 커피의 향이 사방으로 퍼진다. 뜨거운 물속에서 자신의 향과 맛을 내려놓는 커피, 오늘도 나는 그 커피 한 잔을 함께 마실 사람을 생각하면서 행복의 미소를 짓는다.

커피는 내 삶에 그리움과 설렘을 주는 최고의 선물이다.

—수필 〈커피, 그 유혹에 빠지다〉 중에서

친정 엄마

| 박귀희

살면서 누구에게도 말 못할 심정일 때가 간혹 있다. 그 때 가장 먼저 떠오르는 사람이 친정 엄마이다. 찾아가는 곳이 비록 병원이라 할지라도 얼굴을 볼 수 있다는 것만으로도 마음은 편했다. 나를 알아보지 못한다 해도 살아 계셔서 크게 위로가 되었던 것이다.

오늘처럼, 마음이 헛헛해지는 날이면 이젠 어디로 가야 할까.

—수필 〈친정 엄마〉 중에서

짝사랑

| 박성임

닫혀 있는 블로그
흐를 수 없는 강

거미줄 연미복만
먼지 속에 걸려 있다

피울 수 없는 먼 내일
언제쯤 바늘햇살 눈뜰까

밤사이 부운 바람
떨어지는 붉은 깃털

남아 있는 부스럼
지워지지 않을 흔적

별똥별 그대 마당에
자꾸 떨어지고 있다

비 오는 날

| 박일춘

빗방울 머리 풀고
청산을 헤매일 제

천둥은 먹구름 속에서
갈팡질팡 길을 잃고

할 일 잃은 일꾼들은
한낮에 선술집서

고장 난 테이프처럼
돌고 도는 이야기 꽃

가는 길을 잃고 앉아
술병 잡고 울부짖네

무학의 기상

| 박태남

창을 열면 돝섬이
꿈틀꿈틀 기지개를 켠다
황금 돼지가 되어
무학산으로 오르려는 전초전인…

삼십여 년 마산 사람이지만
무엇 하나 마산인의
희망을 보지 못하고

그렇게
본향으로 돌아갔다
하지만 가족은
태어나고 자란 곳이
가포의 다이빙대가 있던
물동네 그곳에서 유년을 보냈다고
미련 두지 말고 그곳으로 가잔다

이제는
눈으로 보이는 기계 소리 자욱한
그곳으로
공기가 맑아 휴양지라 했는데
의지의 도시, 국립3·15민주묘지가 있는데

무학의 기상은
지금 어디에서 울렁한 포효를 하고 있는지
사랑하자 사랑하자
마산 사람들
예전에 빛났던 무학의 그 기상을,

달나라 이면으로 갈거나

| 배대균

오늘 지리산 54㎞ 종주를 하루 만에 끝내었다.
모두들 이 나이에 안 된다고 했는데.
비교할 바 아니지만 100년 전 남극의 아문센과
40년 전 달나라에 간 암스트롱을 떠올리면서 힘을 내었다.
애기야, 달도 자전을 하니 우리 그믐밤에
계수나무 그 뒤쪽 나라로 가보지 않으려나.

꽃살문

| 배소희

지느러미가 붉다
잠시 흔들리다 가라앉는
힘겨운 숨 고르기
수면 위로 떠오른 거품 사이로
꽃이 핀다 물고기
등부터 꼬리까지
잠이 든다 문득 물잠
그물망 사이로
당신이 빠져나간다

늦가을 찾아간 선암사
연화문살에 비친 물고기
들물에 꽃이 핀다.

돌 탑

| 배종애

허 그 참
이제 돌도 한자리에 못 있게 하네
대지의 젖을 먹고,
더 무럭무럭 자라야 할
어린 돌들까지
돌탑의 꼭짓점을 향하여
줄을 세우네

세상은
무엇을 쌓아야
공든 탑이 되는지 모른다

아름다운 것에 대하여

| 백남오

바람과 천둥이 떠난 9월의 지리산정에서 자신만의 향기와 색깔로 은은히 서 있는 구절초와 쑥부쟁이의 고고함

아무도 보는 이 없는 깊은 자빠진골, 온몸을 다해 고적한 꽃 한 송이 피워내는 수달래의 자존심

—수필 〈아름다운 것에 대하여〉 중에서

언어의 경제학

| 변승기

내가 시詩에 처음 눈뜬 것은 권기호 시인을 만나고서였다. 나는 그때 경남대학 상학과 1학년에 재학 중이었다. 그는 박정희를 비판하다 경북대학에서 쫓겨나 우리 대학 국문학과에 출강하고 있었다. 몇 밤을 지새우며 간신히 시 한 편 써서 건네면 힐끗 난도질하면 그뿐.

나는 언어의 경제학이라는 말을 그때 처음 들었다.

늦은 편지

| 서성자

꽃 지려나 벚나무, 꽃잎이 들썩인다
안녕? 잘 지내지
뜻밖의 안부를 묻듯

캄캄한 밑둥치에 핀
뒤늦은 몇 꽃송이

유통기한 지나버린 옛사랑이 그랬을까
데면데면한 햇살에
핑그르르 흔들리는

네 마음
엿들은 죄로
귓속이 웅웅
울었다

마음이 푸른 모든 이의 달

| 서연우

나는 치명적이다.

홀로 쪼그려 앉은 베란다엔 바람 한 점 없는데
검은 바다에는 달빛 파랑 일고

어둠이 머드팩처럼 마른다.
얇은 잠, 얼굴 크기 추상화로 깨어나면
꿈꾸다 깬 사실조차 꿈이라는 이중구조

한 장롱에 다른 옷을 건다는 것이 무엇의 의미인지
일찍이 알아버린 방학도 퇴직도 없는 일생
흐르기를 반복하는 시간의 행위에 쓸려
아무리 팔을 휘둘러도 벗어나지 못하는 수렁 속
매일매일 흙빛으로 널뛰는 몸

달빛을 들으며 달빛을 보며 달빛을 마신다.

지구는 딱 알맞은 힘으로 달을 끌어당기고
달빛은 어둠이 무서운 내 생명주기에 흔적 지우기를 한다.

야카모즈*로 푸른 것들은 모두 무장해제다.

*야카모즈 : 터키어. 물속에 비치는 달빛the reflection of the moon in the water.

음표와 콩나물

| 서영수

콩나물은 여전히 내가 좋아하는 반찬이고, 음표는 살아가는 이유다. 피아노 앞에서 아이들과 함께 음표로 요리하는 순간이 가장 즐거운 시간인 것이다. 앙증맞도록 예쁜 음표로 만든 〈남촌〉을 노래한다. 〈내 맘의 강물〉, 〈강 건너 봄이 오듯〉, 〈돌아오라 소렌토로〉까지 조리를 마치면 음표는 어느새 학생들의 심금을 울리는 음식이 되고, 보약이 된다.

음표와 콩나물, 이 녀석들이야말로 모든 이의 몸과 영혼을 울리는 최상의 요리 재료인 셈이다.

—수필 〈음표와 콩나물〉 중에서

흐르는 강물

| 서인숙

강은 조용하다
어디선가 흘러오는 음악의 울림 따라
흐르고 흐르는 물줄기

닿을 수 없어
그냥 가버리는 먼먼 어디인가
물 깊이에서 솟아오른 갈대들의 꿈
적막보다 짙은 침묵 속에 흐르는 물빛
사랑의 맨 처음 사랑 같은…

아무도 붙들지 말라
어느 것 흐르고 변치 않은 것이 있을까
말이 없어 물로만 말하는
저기! 저 강물을 보아
아프다 못해 스러지는 마음

병산 우체국

| 서일옥

이름 곱고 담도 낮은 병산 우체국은

해변 길 걸어서 탱자 울을 지나서

꼭 전할 비밀 생기면

몰래 문 열고 싶은 곳.

어제는 봄비 내리고 바람 살푼 불더니

햇살 받은 우체통이 칸나처럼 피어 있다.

누구의 애틋한 사연이

저 속에서 익고 있을까

가는 봄을 붙잡으며

| 성선경

저 버들 꺾고 싶네
네 손모가지 부러질 게다 그래도
저 능청 휘늘어진 버들
꺾고 싶네. 가는 봄을 잡지도
못한다고 저 능수버들 휘늘어진 가지
꺾지 못하겠냐? 손모가지
비틀어진대도 저 버들
꺾고 싶네. 담장 밖
저 꽃 좀 보소. 나는 언듯
손이 움츠러들지만 내 마음 벌써
저 꽃 꺾어들고 희희낙락
코끝에 내음을 맡고
볼비빔을 하고, 네 이놈
네 손모가지 부러질 게다 그래도
꺾고 싶네. 가는 봄을 잡지도
못한다고 저 꽃을 보지도
못한대서야. 움츠러드는 내 손을
마음이 끌고 가 볼비빔을 하는
능수야 버들 휘늘어진 가지
담장 너머 저 환한 꽃
잡지도 못하고 봄날이 가네.

단 상

| 성정현

고속열차 따라서

시간이 쫓아간다

윤슬 지는 유채꽃밭

휘돌아 지날 때는

아무리

바쁘더라도

문득

뒤돌아보는

봄 비

| 손연식

꽃샘추위 사이로 소란스런 발소리가 온다

노루귀, 산자고, 매화 꽃잎 살짝 밟고 가는

빨간 고무 대야에도 퐁덩 빠지는

밤새도록

잠 못 드는 이 창가에 서성거리다

어디로들 몰려가는지

흘러가서는 돌아오지 않는지

발자국 찍어두고 간 목련 봉오리

뽀얀 속살 쬐끔 내보이는 곳으로

귀를 열어둔다

여름 · 7

| 승만석

시끌이더니 뚝 멈추고 동정을 살피는 어림이 팔월 강바람 같은 참매미 소리
늙은 고욤나무 그늘이 평상에 내리면
낮잠은 제 맛이다
덕이는 검은 빤쭈 하나로 여름을 배기는 나와 동갑내기인데
나무를 곧잘 타 매미를 참 잘 잡았다
잡은 매미를 긴 손톱으로 슬슬 아랫배를 긁으면
날개를 파닥이며 자지러지는데
우리는 마주하며 마구 웃어댔었다

맑은 저녁 우화羽化하는 날개가 명주 같았다

춘자 바보

| 안 웅

서원곡 오르는 골목 담벼락에
맺힌 응어리 풀어 내리듯
뻗칠 곳 한껏 내 뻗쳐 긋고
꺾을 곳 야무지게 꺾어 올린 낙서 하나
"춘자 바보"
막막한 자모음 사이사이를
이리저리 부딪히며 울려오는 저 종소리
잊힐 듯 가물가물 멀어져 간 그때
더 높고 단단하던 그 수녀원 담벼락에
삐뚤삐뚤 갈겨쓰고 싶던
그 "춘자 바보"

바람난 목련

| 안화수

계절 잊은 삼월 눈발
꽃눈을 괴롭혀도
상가 건물 노래방 화단에 목련꽃 피었다

봄기운에 흔들리며
뛰는 가슴 누르지 못해
살며시 창문 열고 바깥을 엿보는데

실오리 하나 걸치지 않은 채
색색거리던 목련나무
쭉 뻗어 내미는 손끝에 매달린
분 바른 아가씨의 파닥이는 미소

학창 시절 추억의 문틈 사이로
곰실곰실 빠져나오는
민소매 차림의 가느다란 팔뚝
지금도 만지고 싶다

진 땀

| 오하룡

어둡고 삭막한 길을 걸어왔다.

딴 길을 걷고도 아는 길을 걸은 척했다.

멀리 두르고 둘렀는데도 지름길로 온 척했다.

손해를 보고도 오히려 이득을 본 척했다.

마음에 없으면서 있는 척 다소곳이

예라고 대답한 적 있다. 아니 많다.

그 말로 내가 아닌 내가 되게 했다.

지금도 내가 아닌 나를 나라고

생각하면 진땀난다.

봄 날

| 윤미향

햇살 한 줌을 모아
뻥튀기 할아버지한테 간다

사람들 볼세라 슬쩍 집어넣는 봄바람은
할아버지만의 오래된 단맛 레시피
뻥이요! 목청과 함께
벌써 할아버지가 튀겨 낸 올해 봄은
명이네 골목 벚나무 일곱 그루와
랄랄라 왈츠 두 곡
그리고 모듬나물 세 바구니째다

"제 몫의 봄은 얼마나 될까요?"

턱을 괴고 앉은 명이 조바심 위로
연신 쏟아지는 할아버지 쪼글한 웃음도
봄이 되는 봄날,

그 착한 바다

| 이광석

키 작은 파도가 나다니는 곳
기차가 잠시 머무는 바닷가
때로는 심심한 햇살이
갯바람과 수다를 떠는 곳
이유 있는 좌절이 촌수가 먼
희망과 어쩌다 잠시 스쳐 갔던 곳
이젠 아무도 가보려 하지 않고
아무도 눈여겨보지 않는
먼 기억 속의 낯선 간이역
그래도 쇠주 한 잔 동행길
짜고 매운 아귀찜 얼큰한 복어 매운탕
우리 삶의 뱃길 누구보다도 잘 아는
삼랑진발 기차 종점 옛 마산역 기적 소리
최운* 게 그림 화폭에 아직도 낮게 출렁이는
그 착한 바다

＊최운 : 게 그림으로 유명한 60년대 화가.

옥탑방 일기 · 1

| 이달균

하늘엔 지친 눈, 쉼 없이 달려왔지만
땅에 닿기도 전 빗물이 되고 마는,
일순간 생이 바뀌는 이 절망마저 사랑하라.

결핍이 날 살게 한다.
결핍이 날 쓰게 한다.
갈망의 우물 속으로 두레박을 내리고

마침내
혼곤히 젖은
우울을 베고 잠든다

꼬부랑 허리

| 이숙자

아픔을 안은 노인들의 마음을 알고
꼬부랑 쪽배 두웅 떠 있는 네 모습
굽어진 할머니들 허리 언제 펴질지 모를.

한 많은 평생을 가득 담은 그 꼬부라진
언제나 펴지려나, 언제나 펴지려나
네모 창 속의 초승달 펴질 날 있으리.

봄동갑의 시샘

| 이영자

어젯밤
봐요 봐요 저기 저 쪽달
부풀고 부풀어 쟁반 같아지면
나는 생일이야 생일
가지 부여 잡고 속살속살 자랑할 때
귀먹은 척하더니
앞집 송아지 태어나자
귀 열고 눈도 뜨고 활짝 웃는
산수유 정말 가관이다
논두렁에 놀러 나온 어린것을
지켜보는 순한 눈매
어미마냥 포근하여 샘나도록 –
오늘 낮
이봐요 나좀 봐요
너나 / 나나 / 송아지나
환갑 세월 같은 거 그것만 지우면
동갑내기라고
나는 우긴다 한사코
산수유 지겨워하든 말든

마 산

| 이외율

마산을 더러는 말뫼라고도 하지만
제35대 경덕왕 16년(759)에
골포현인 마산을 합포 혹은 합포현으로 고쳤다가
광무9년(1905)에 마산으로 이름 지어지기까지는
변화무쌍했고 선인들은 그 이름을 기리기 위해
수많은 시구와 노래를 남기기도 했다.
서쪽으로는 무학산, 천주산, 반룡산(팔룡산)이
병풍처럼 둘러쳐져 있고
남쪽으로는 국제미항에 선박은 그대로 드나드는데
어느 때 누군가에 의해 그 이름 사라졌구나!
그 땅과 전설과 기질과 모습은 그대로인데
그 이름 마산을 목이 터져라 불러도
합포와 회원이란 새끼만 친 채 대답이 없다.
왜냐고 물어도 서로 떠넘기며 책임질 사람은 더더욱 없고 변명만 늘어놓는다.
애향 고인이나 출향 선배님들께 무슨 말을 할꼬?

—수필 〈아! 마산이여〉 중에서

동백꽃

| 이우걸

1.

나도 한 번쯤은 부르고 싶은 이름이었다

누천년 바닷물이 깎아 세운 절벽 앞에서

제 젊음 다 꺾어들고

낙하하는 저 순명을,

2.

엄동에도 살아 청청한 아름다운 메타포여

벼린 검처럼 서슬 퍼런 잎 사이로

농염한 입술을 내미는

아, 남도의 그리움.

복사꽃 핀 언덕

| 이원기

저만큼 나 있는 황톳빛 길을 따라 시선이 머무는 곳은 양철판으로 아무렇게나 세운 집 한 채 서 있는데 어디서 나왔는지 개 한 마리 어슬렁거리고, 내려쪼이는 햇살은 이제 여름을 예고하는데, 분홍빛 꽃덤불 사이로 내비치는 봄날 하늘은 정말이지 오랜만에 그 푸르름을 그대로 내보이고 있었다. 시원한 바람, 고요한 풍경, 화사한 복사꽃, 그리고 빨려들 듯 푸른 하늘, 이 모두가 내 기억에 생생하다.

아직은 제 색깔이 아닌 연초록빛 풀들과 노란 색깔로 변해버린 밭작물의 꽃들은 벌건 속살을 드러내 패어진 언덕배기 주위에 제멋대로 널려 있는데 바람이라도 한 점 불면 떨어져 내리는 꽃잎들 그리고 꽃잎들!

—수필 〈복사꽃 핀 언덕〉에서

신 발

| 이정숙

폭폭한 먼지 속에
예약 없이 휘어진
새끼발가락,
아버지, 어머니
평생을 함께한
지독한 인생 반려자
내 꿈은 쉴 수 없어
신호등에 달려 있고
오늘도 구석진 먼지 털며
햇볕에 말려본다.

강 · 산이 만나서

| 이종광

강물을
못 건너서
청산은 높이 높이

청산을
못 넘어서
강물은 낮게 낮게

강산은
그렇게 만나
신비한 산수화를

오동나무

| 이처기

저만치 아버지가 텃밭에 서 있다

손짓하면 마디 하나 늘고 흰 속살 차고
보랏빛 연 오동 꽃잎
또 한 잎
피고
지고

벤 통나무 속살로 장롱을 만들었다

시집가는 꽃가마 보며 뻐꾸기도 우는 나절
가야금 뜯어 울리는
아버지의
쉰
울대

남명매

| 이한영

검은 등걸
이끼 낀 가지가
아직도 기운차다

하얀 꽃잎
멀리 천왕봉을 바라보며
단아하게 피었구나

매불매향梅不賣香!
선생의 올곧은 기개
꽃봉오리마다 서려 있네

산천재 뜨락에 감도는
그윽한
암향이여

처음 그 소리 · 3

| 임신행

세상은
소리와 소리가 이루는 화음 속입니다.

누구나
사랑에 물들기 시작하면 직유에서 온유로 갑니다.

말에도
따스한 온기가 낮게, 낮게 물이 듭니다.
그것은
사랑이라는 이름의 소리이기도 합니다.

레이 찰스의
I Can' t Stop Loving You
사랑을 위한 소리!

사랑은
온유를 건너 비유입니다.
정관靜觀을 통해 중심으로 서는 비유의 소리입니다.

진실한 사랑은
비유의 소리입니다.

깨어 있는 시간

| 임채수

다리가 아파 꿈에서 깨어보니
깊이 잠든 아내 다리가
내 허벅지에 얹혀 있다
나를 짓누르는 아내의 다리를
슬쩍 옆으로 비껴내었지만
아린 자리는 좀처럼 가시지 않는다.

짓누르는 사람은 모르지만
짓눌린 사람은 아픈
나는 어느 사람의 허벅지를
짓누르고 있지나 않았는지

뚜벅뚜벅 걸어오는 새벽을 맞으며
맑게 깨어 있는 시간
어디선가 어두움의 껍질을 벗기는
닭 울음소리 들린다.

나를 깨우는 우주의 소리

슬로길

—청산도

| 정동진

발끝에 돌 차인다
발끝 아플 때
하늘 한번
갈매기 춤 한번 보면
좋지 않겠느냐고.

나뭇가지 옷 잡는 길
천천히 걸을수록 눈에 띄는
작아서
더욱 예쁜 풀꽃 있다.

놓쳐 버리며
살아온 날
듣기만 하던 새 울음
새타령 불러 주며
어깨 한번 들썩이며 걷는 것도
좋지 않겠느냐고.

산벚나무

| 조은길

어머니가 도망가는 꿈을 꾸다
울다 지쳐 잠 깬 날

머리맡에 돌아앉아
손거울 들고 뽀얗게 분단장하시다
나를 바라보던 어머니
분내 숨이 막히던
연분홍 어린 어머니

그런 날엔 읍내 머리하러 가는
동네 처녀들 속에 섞여
집을 나가곤 하셨다

어머니의 기도 · 7

| 조현술

일생을 지고 왔던 고뇌의 시간들을
긴 생의 빨랫줄에 하나둘 걸어보면
숨었던 뜨거운 울음들 깃발처럼 나부끼오

불면의 겨울밤을 한숨으로 담금질하며
지구를 도는 달처럼 내 꿈속에 돌았었다
시퍼런 가슴의 멍에 구석구석 젖은 채로

깊은 밤 깨어 있는 어머니 눈가에는
길 잃은 자식의 마음 그 길을 밝히느라
촘촘히 사랑을 태워 하늘마다 별을 단다

봄바람

| 주선화

보아라!
꿩의바람꽃이 웃지 않느냐
나도바람꽃이 울지 않느냐
쇳빛부전나비 알락거리고
벌, 벌, 벌 날아와

웃어라!
너도 봄바람이니까

수정포水晶浦

| 최강렬

죽전 안녕 사이 깊이 들면 양 · 음달 마을 사람 반기고
긴 포구 들어서 밀물 때는 모래문지도 낚더니
옛날 썰물 때는 반자지락 캤으니 진상칠읍 들고 말고

바닷물 수정 같아 그 물이 맑으니 수정이라 부르네

안녕포安寧浦
앞바다 초록빛이요 긴 연안 모래는 햇살에 조을고
마산항 드나드는 화물선 굴뚝연기 날리는 바람
물새 한 마리 나래치며 노닐고 나 또한 날고 싶어라

안씨 입조 마을 안녕 소원 담아 안녕이라 하더라

죽전포竹田浦
마을은 한가하다 바다와 마을 화폭에 담은 듯
울창한 송림 볼 만하나 대나무 많던 골 흔적만 남고서
풍경에 풍류 읊조릴 만하니 나그네 마음 설레네

예부터 대나무 많은 곳이라 하여 대밭골이라 불렀다

시인詩人

| 최대식

세상 살며
보이는 사물은
숨소리까지 듣고 싶다

감성으로 채집한
갈무리
온몸으로 노래를 부른다

긴긴 밤
영혼의 노래
눈물은 하늘로 오르고
별들은 땅으로 내린다

행 복

| 최영지

할머니~
하머니~
맨발로 현관문 앞
깡충깡충 뜀뛰기를 한다.
어디에 간들
누가 날 이렇게 반기랴

여섯 살배기 지안이
발렌타인 데이라며
초콜릿 두 알
내 손에 꼭 쥐어준다
마산 계시는 할아버지께
꼭 전해주란다

세 살배기 지유
아직 말문이 트이지 않은 채
온몸으로 하머니 부른다

두 아이 재롱
진종일 웃음
얼마 만에 이렇게
웃어본 것인가

할머니 하룻밤
지안이랑 자고 가라고
내 목 껴안고
응석 부리지만
밤늦게 딸네 집
나오고 말았네.

아이가 있어
사랑이 꿈꾸고
행복이 너울
춤추는 게 아닌가.

나비

—3초 만에

| 하길남

내가 늘 웃음을 잊고 살아서
세상인심은 늘 업을 심는다
요단강 물결이 노을 속에
장시를 쓰면서 웃고 있다

사랑한다 사랑한다
사랑의 무게만큼 사랑하고
사랑의 불씨만큼 사랑하여라

묘향산 수행선사는
모래 위에 삼십 년 동안
이렇게 쓰다가 열반했다

어디선가 나비 두 마리가
나타나서 '사랑'을 물고
선덕여왕 신방에서
윷놀이라도 즐기자는구나
모. 윷. 도. 신발 속에 꽃씨라도 심자는구나.

조장鳥葬

— 어머니

| 하순희

마음 쓸쓸히 헐벗은 날
그 목소리 들린다.
잘 있제? 잘 하제?
감싸며 잘 살거라이
핑 도는 눈시울 너머
떠오는 맑은 하늘

내 죽으믄 무덤 만들지 말거라
말짱 태워서 곱게 가루 내어
찹쌀밥 고루 버무려 새한테 주거라

때 없이 헛헛해 오는 저린 손을 비비면
바람 소리 물소리 선연한 풍경 소리
깊은 뜻 새소리로 남아
젖은 길 날아오른다

늦은 저녁이 달다

| 하 영

늦은 저녁
현관 앞 초코허브
눈빛 향기롭다

고마워서,
숱이 많은 머리를 어루만지며
귓불을 살짝 건드렸을 뿐인데
그 아이,
가진 향기를 몽땅, 내 손에 건네준다
그 손으로 먹는 늦은 저녁이
달다

그래그래, 오늘은 네가
고단한 내 하루를 온전히 받아들이는
말랑말랑한 스펀지다
칠흑의 어둠을 뚫고 나온 협궤열차의 기적 소리다
정성껏 등피를 닦고 심지를 갈아 끼운 램프 불빛이다

달다, 혼자 먹는 늦은 저녁밥.

단어單語

| 하영갑

해가 바뀌어도
보기도
읽기도
쓰기도 싫고
꼭 잊고 싶은 단어들…

『강간, 개, 공포, 극치

니뽄도〔日本刀〕

다케시마의 날(竹島の日 2월 22일)

만행, 무차별, 매달다, 목

수장水藏, 생체실험, 서대문형무소, 선혈
세균, 생매장, 살상, 시범실습, 신사

야산, 양민학살, 애원, 음부, 의병장

작두, 잔학, 진열, 절규
정신대, 집단학살, 제국주의

처형處刑』…

지진과 태풍
해일이 웃고 있다
양심적 사죄만이
죄인이 살 길인 것을.

고 래

| 하종숙

뭍을 거닐던 시절
고양이만 했으나
넓고도 먼 바다를 가로질러서야

날아라 고래!

사는 것이란 쌩쌩하게 비린내를 풍기는 것
비좁은 우리 삶의 비공
그 자글거리는 물살을 세차게
속시원하게 뿜어내는 것

날아라 고래!

밤하늘 서신

| 허상회

멀고 긴 인생살이 성공의 길, 가는데는
결 거친 숨소리를 밤하늘로 띄우며
오색 빛
크고 깊은 소망
속가슴에 키운다

만학도 고달픈 희망, 거울 앞에 선 한 사내
좌절하며 고갤 숙여 깊은 밤 헤매다가
고단한
어둠별 홀로
희망 키울 책상을 찾아

거꾸로 쌓는 돌탑

| 허숙영

해운대 바닷가에는
돌탑을 거꾸로 쌓는 사람이 있다.
그것은
질주하는 바람을 돌려세우고
파도의 투정도 달래줘야 가능하다.
세상의 중심에 스스로를 세우는 일이니
마음의 중심부터 잡으라는 길손의 묵음默音 주문에
돌 무게로 주저앉으려는 맘
벼려가며 탑을 쌓고 있다.
하늘이 가까울수록
돌의 옆구리에 날개가 돋는 듯하다.
내 어깨도 덩달아 들썩인다.

숲 길

| 강신형

천년, 길들여진 생명이
외길을 따라
부드럽게 밀행하는
새벽녘 숲 언덕.

해탈을 꿈꾸는 운수납자의
신선한 묵언도
생의 경계를 갈라놓는
검은 광채의 갈기에

무릎 탁!
치고

나무아미타불

절하는
화엄세상이다.

펴낸날 | 2014년 5월 3일

펴낸이 | 이 한 영
펴낸곳 | 마산문인협회
http://cafe.daum.net/masanmunhak
회 장 이한영(010-3832-1891)
부 회 장 안화수, 윤미향
사무국장 허숙영(010-4132-4744)
사무차장 김영미
사무간사 허상회

만든곳 | 도서출판 경남(대표 오하룡)
631-130 창원시 마산합포구 몽고정길 2-1
전화 | (055) 245-8818~8819
팩스 | (055) 223-4343
홈페이지 | www.gnbook.com
이메일 | gnbook@empas.com
출판등록 | 제567-1호(1985. 5. 6.)
편집팀 | 오태민 | 심경애 | 구도희

ISBN 978-89-7675-912-2-03810

*이 책은 창원시 사회단체보조금으로 제작되었습니다.
〔값 8,000원〕